Ueli Bernold

Grill-Ueli
Cordon bleu

FO NA

© 2014 Fona Verlag AG, 5600 Lenzburg
www.fona.ch

Lektorat
Léonie Schmid

Gestaltung
FonaGrafik, Hiroe Mori

Fotos
Andreas Thumm, Freiburg i. Br.
Seite 11: © DKB Household Switzerland AG

Druck
Druckerei Uhl, Radolfzell

ISBN 978-3-03780-498-8

Freude und Dank

Andreas ist da. Nun kann das Projekt «Cordon bleu» so richtig beginnen. Wie waren doch seine Worte, als er gehört hatte, dass es im neuen Buch um Cordons bleus geht: «So ein Blödsinn, da kann doch kein Fotograf mitmachen bei einem Mocken Fleisch, zudem paniert, und wenn man ihn anschneidet, läuft der Käse aus.»

Es lag nun in erster Linie an mir, Andreas zu zeigen, dass es sich lohnt, für diese Arbeit zu kommen. Die Skepsis hat sich schnell gelegt, und schon nach ein paar Stunden Fotoshooting ging die Post ab. Andreas war echt überrascht, wie vielseitig ein Cordon bleu zubereitet werden kann. Und ich habe gestaunt, was man optisch alles machen kann. Freude herrscht! Und Freude und Ausdauer braucht es, wenn unter Zeitdruck das Resultat auch noch top sein soll. Die zwei Wochen Fotoshooting waren zum Jahresabschluss harte Knochenarbeit. Ich bin mächtig stolz auf das Ergebnis.

Ich danke Andreas Thumm für die tolle Zeit. Die Cordon-bleu-Geschichte wird mir in guter Erinnerung bleiben.

Von Herzen danke ich auch meiner Frau Samira. Sie hat es immer wieder geschafft, mich nach einem langen, harten Arbeitstag zu motivieren. Ohne ihre Unterstützung wäre die Arbeit in dieser Form in so kurzer Zeit nicht realisierbar gewesen.

Grill-Ueli

Cordon bleu auf dem Grill zubereiten – geht das überhaupt? Keine Frage für unseren Grill-Ueli. Als gelernter Metzgermeister und Fleischveredler kennt seine Experimentierfreudigkeit in der Zubereitung von Fleisch keine Grenzen. So entstand ein Kochbuch rund um das beliebte Cordon bleu.

Ueli Bernold, besser bekannt als Grill-Ueli, lebt die OUTDOOR**CHEF**-Philosophie seit 1997. Er grillt, kocht und backt leidenschaftlich auf unseren Gaskugelgrills. Der prominenteste Schweizer Grillchef bietet seit sieben Jahren Grillkochkurse an. Er ist ein wichtiges Mitglied in unserem OUTDOOR**CHEF**-Kompetenzteam, welches unsere Produkte auf Herz und Nieren prüft und neue, kreative Rezepte entwickelt.

In Zusammenarbeit mit OUTDOOR**CHEF** hat Grill-Ueli im Jahre 2012 bereits das erfolgreiche Grillkochbuch «OUTDOOR**CHEF**» veröffentlicht. Seine große Leidenschaft und sein Enthusiasmus hat viele Schweizer Grillfreunde inspiriert, die Vielseitigkeit der OUTDOOR-**CHEF**-Produkte zu entdecken.

Das Cordon-bleu-Kochbuch enthält variantenreiche Rezepte vom einfachen Kinder-Cordon-bleu, über ein leckeres Rösti-Cordon-bleu bis zum exotischen Bananen-Cordon-bleu.

Für Grill-Ueli und OUTDOOR**CHEF** ist das ganze Jahr Grillsaison. Getreu diesem Motto berücksichtigen die Rezepte alle Jahreszeiten. Überraschen Sie Ihre Gäste mit unseren phantasievollen Rezepten.

Wir wünschen Ihnen guten Appetit und genussvolle Grillabende in fröhlicher Runde.

=== STEP BY STEP ===

Richtig verpacken

❶ Schweinsnierstück doppelt schneiden

❷ Fleisch auf Tranchierbrett klopfen, eventuell zwischen Klarsichtfolien oder in Plastikbeutel legen

❸ Schinkenscheiben überlappend auf eine Fleischhälfte legen   **❹** Käse auf den Schinken legen

❺ Käse in den Schinken einpacken

 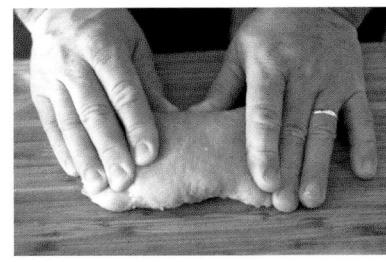 

6 Cordon bleu verschließen

7 Ei aufschlagen

8 Cordon bleu würzen

9 Cordon bleu panieren

10 Cordon bleu vor dem Braten
etwa 1½ Stunden ruhen lassen

Kalb

Cordon bleu «Popeye»

———

Kalbs-Cordon-bleu im Blätterteig

———

Kinder-Cordon-bleu

———

Tessiner-Cordon-bleu

———

Cordon bleu «Frühling»

———

Kalbs-Cordon-bleu «Gruyère»

———

Emmentaler-Cordon-bleu

Cordon bleu «Popeye»

ZUTATEN

– 4 Kalbsschnitzel von der Huft, je 100 g,
doppelt geschnitten
– 8 Scheiben Hinterschinken, je 20 g
– 120 g Philadelphia-Rahmkäse

Gemüse
– wenig Butter
– 1 kleine Zwiebel, klein gewürfelt
– ½ Knoblauchzehe, klein gewürfelt
– 200 g Spinat

– Mehl und 1 Ei, verquirlt, oder
Paniermasse, Seite 112
– Paniermehl

– Butter, Bratbutter, Öl oder Schweinefett,
zum Braten

1 Für das Gemüse Zwiebeln und Knoblauch in der Butter andünsten, Spinat zugeben und
zusammenfallen und abkühlen lassen, Flüssigkeit weggießen, Spinat ausdrücken.
2 Kalbsschnitzel flach legen und leicht klopfen. Schinkenscheiben leicht überlappend auf
die Arbeitsfläche legen, Spinat und Philadelphia-Rahmkäse darauf verteilen, in den Schinken
einpacken, von allen Seiten gut verschließen, auf die eine Fleischhälfte legen und mit der
zweiten Fleischhälfte bedecken, gut verschließen, Rand andrücken. Leicht würzen.
3 Cordons bleus zuerst im Mehl und dann im verquirlten Ei oder in der Paniermasse wenden,
mit Paniermehl panieren, gut andrücken. 1½ Stunden ruhen lassen (während der Ruhezeit «versiegelt» das Ei die Fleischöffnung und verhindert so, dass der Käse während
dem Braten ausläuft).
4 Cordons bleus in der Bratpfanne in der Butter bei mittlerer Hitze beidseitig je 5 Minuten
braten.

4 **Gaskugelgrill** Barbecue-Pfanne oder Gourmet-Pfanne 5 Minuten auf mittlerer
Hitze vorheizen. Butter zergehen lassen und Cordons bleus auf kleinster Stufe beid-
seitig je 5 Minuten braten.
Funnel direkte Wärme – **Deckel** offen – **Grillzubehör** Barbecue-Pfanne oder Gourmet-Pfanne
Vorheizen 5 Minuten, Stufe 2, geschlossener Deckel – **Grillzeit** 10 Minuten

Kalbs-Cordon-bleu im Blätterteig

ZUTATEN

- 4 Kalbsschnitzel, je 80 g, doppelt geschnitten
- 8 Scheiben Schinken ohne Fett, je 25 g
- 8 Scheiben Gruyère, je 25 g, 12 Monate alt
- Salz und Pfeffer

- 4 Blätterteigquadrate, Seitenlänge 20 cm
- 1 Eigelb, zum Bestreichen

1 Kalbsschnitzel flach legen und leicht klopfen.
2 Backofen / Grill auf 200 °C vorheizen.
3 Je 2 Schinkenscheiben überlappend auf die Arbeitsfläche legen und den Käse einpacken, allseitig gut verschließen. Auf eine Schnitzelhälfte legen, zweite Hälfte darüberlegen, gut verschließen und den Rand andrücken, leicht würzen.
4 Blätterteigstücke auf die Arbeitsfläche legen. Käsepakete auf eine Hälfte legen und mit der zweiten Hälfte bedecken, Teigränder gut verschließen. Teigpakete auf ein mit Backpapier belegtes Blech legen, mit Eigelb bestreichen.
5 Cordons bleus im Backofen bei 200 °C rund 20 Minuten backen.

5 **Gaskugelgrill** Cordons bleus im vorgeheizten Grill bei 200 °C rund 20 Minuten backen.
Funnel indirekte Wärme – **Deckel** geschlossen – **Grillzubehör** Grillrost, Lochblech
Vorheizen 5 Minuten, Stufe 2, geschlossener Deckel – **Grillzeit** 20 Minuten

Kinder-Cordon-bleu

──────────── ZUTATEN ────────────

- 4 Kalbshuftfiletschnitzel, je 60 g, doppelt geschnitten
- 4 dünne Scheiben Trutentrockenfleisch
- 4 Babybel-Käse, je 25 g
- Fleischgewürz oder Pfeffer und Salz

- Mehl und 1 Ei, verquirlt, oder Paniermasse, Seite 112
- Kartoffelflocken

- Butter, Bratbutter, Öl oder Schweinefett, zum Braten

1 Kalbsschnitzel flach legen und leicht klopfen. Trutentrockenfleisch darauflegen. Babybel-Käse «schälen» und quer halbieren, auf eine Schnitzelhälfte legen und mit dem Trockenfleisch zudecken, zweite Schnitzelhälfte darüberlegen, verschließen und gut andrücken. Leicht würzen.

2 Cordons bleus zuerst im Mehl und dann im verquirlten Ei oder in der Paniermasse wenden und mit den Kartoffelflocken panieren, gut andrücken. 1½ Stunden ruhen lassen (während der Ruhezeit «versiegelt» das Ei die Fleischöffnung und verhindert so, dass der Käse während dem Braten ausläuft).

3 Cordons bleus in der Bratpfanne in der Butter bei mittlerer Hitze beidseitig je 3 Minuten braten.

3 **Gaskugelgrill** Barbecue-Pfanne oder Gourmet-Pfanne 5 Minuten auf mittlerer Hitze vorheizen. Butter zergehen lassen und Cordons bleus auf kleinster Stufe beidseitig je 3 Minuten braten.
Funnel direkte Wärme – **Deckel** offen – **Grillzubehör** Barbecue-Pfanne oder Gourmet-Pfanne
Vorheizen 5 Minuten, Stufe 2, geschlossener Deckel – **Grillzeit** 6 Minuten

Tessiner-Cordon-bleu

───── ZUTATEN ─────

– 4 Kalbsschnitzel, je 100 g, doppelt geschnitten
– 4 Scheiben Bresaola, je 25 g
– 4 Scheiben Trüffelbrie, je 60 g
– Salz und Pfeffer oder Fleischgewürz

– Mehl und 1 Ei, verquirlt, oder
  Paniermasse, Seite 112
– Paniermehl mit fein gehackten frischen
  Kräutern

– Butter, Bratbutter, Öl oder Schweinefett,
  zum Braten

1 Kalbsschnitzel flach legen und leicht klopfen. Je 2 Schinkenscheiben auf die Arbeitsfläche legen, Trüffelbrie darauflegen und in den Schinken einpacken, allseitig gut verschließen. Auf eine Schnitzelhälfte legen, zweite Hälfte darüberlegen, gut verschließen und den Rand andrücken, leicht würzen.

2 Cordons bleus zuerst im Mehl und dann im verquirlten Ei oder in der Paniermasse wenden, mit dem Kräuterpaniermehl panieren, gut andrücken. 1½ Stunden ruhen lassen (während der Ruhezeit «versiegelt» das Ei die Fleischöffnung und verhindert so, dass der Käse während dem Braten ausläuft).

3 Cordons bleus in der Bratpfanne in der Butter bei mittlerer Hitze beidseitig je 5 Minuten braten.

3 **Gaskugelgrill** Barbecue-Pfanne oder Gourmet-Pfanne 5 Minuten auf mittlerer Hitze vorheizen. Butter zergehen lassen und Cordons bleus auf kleinster Stufe beidseitig je 5 Minuten braten.
Funnel direkte Wärme – **Deckel** offen – **Grillzubehör** Barbecue-Pfanne oder Gourmet-Pfanne
Vorheizen 5 Minuten, Stufe 2, geschlossener Deckel – **Grillzeit** 10 Minuten

Cordon bleu «Frühling»

ZUTATEN

– 4 Kalbshuftschnitzel, je 120 g,
 doppelt geschnitten
– 8 Scheiben Bresaola, je 25 g
– 125 g Mascarpone
– 50 g Cantadou,
 Knoblauch und Kräuter der Provence
– 15 g Bärlauch
– 15 g Lauch
– wenig Petersilie
– wenig Knoblauch
– Salz und Pfeffer oder Fleischgewürz

– Mehl und 1 Ei, verquirlt, oder
 Paniermasse, Seite 112
– Paniermehl

– Butter, Bratbutter, Öl oder Schweinefett,
 zum Braten

1 Bärlauch, Lauch, abgezupfte Petersilie und Knoblauch fein schneiden, mit Mascarpone und Cantadou gut mischen, würzen.

2 Kalbsschnitzel flach legen und leicht klopfen. Bresaola darauflegen. Käse auf einer Schnitzel-hälfte verstreichen und gut einpacken, zweite Schnitzelhälfte darüberlegen, verschließen und gut andrücken. Leicht würzen.

3 Cordons bleus zuerst im Mehl und dann im verquirlten Ei wenden oder in der Paniermasse wenden und mit dem Paniermehl panieren, gut andrücken. 1½ Stunden ruhen lassen (während der Ruhezeit «versiegelt» das Ei die Fleischöffnung und verhindert so, dass der Käse während dem Braten ausläuft).

4 Cordons bleus in der Bratpfanne in der Butter bei mittlerer Hitze beidseitig je 5 Minuten braten.

4 **Gaskugelgrill** Gourmet-Pfanne 5 Minuten auf mittlerer Hitze vorheizen. Butter zergehen lassen und Cordons bleus auf kleinster Stufe beidseitig je 5 Minuten braten.
Funnel indirekte Wärme – **Deckel** geschlossen – **Grillzubehör** Grillrost, Gourmet-Pfanne
Vorheizen 5 Minuten, Stufe 2, geschlossener Deckel – **Grillzeit** 10 Minuten

Kalbs-Cordon-bleu «Gruyère»

ZUTATEN

– 4 Kalbshuftschnitzel, je 80 g, doppelt geschnitten
– 8 Schinkenscheiben ohne Fett, je 25 g
– 8 Gruyèrescheiben, je 25 g
– Salz und Pfeffer oder Fleischgewürz

– Mehl und 1 Ei, verquirlt, oder
  Paniermasse, Seite 112
– Paniermehl mit gehackten frischen Kräutern

– Butter, Bratbutter, Öl oder Schweinefett,
  zum Braten

1 Kalbsschnitzel flach legen und leicht klopfen. Je 2 Schinkenscheiben leicht überlappend auf die Arbeitsfläche legen, je 2 Gruyèrescheiben darauflegen und gut einpacken. Auf eine Schnitzelhälfte legen, zweite Hälfte darüberlegen, gut verschließen und den Rand andrücken, leicht würzen.

2 Cordons bleus zuerst im Mehl und dann im verquirlten Ei oder in der Paniermasse wenden und mit dem Kräuterpaniermehl panieren, gut andrücken. 1½ Stunden ruhen lassen (während der Ruhezeit «versiegelt» das Ei die Fleischöffnung und verhindert so, dass der Käse während dem Braten ausläuft).

3 Cordons bleus in der Bratpfanne in Butter bei mittlerer Hitze beidseitig je 5 Minuten braten.

3 **Gaskugelgrill** Barbecue-Pfanne oder Gourmet-Pfanne 5 Minuten auf mittlerer Hitze vorheizen. Butter zergehen lassen und Cordons bleus auf kleinster Stufe beidseitig je 5 Minuten braten.
Funnel direkte Wärme – **Deckel** offen – **Grillzubehör** Barbecue-Pfanne oder Gourmet-Pfanne
Vorheizen 5 Minuten, Stufe 2, geschlossener Deckel – **Grillzeit** 10 Minuten

Emmentaler-Cordon-bleu

ZUTATEN

- 4 Kalbshuftschnitzel, je 100 g,
  doppelt geschnitten
- 4 Scheiben Emmentaler Buurehamme /
  Bauernschinken, je 30 g
- 4 Portionen Emmentaler Käse, je 50 g,
  höhlengereift
- Salz und Pfeffer oder Fleischgewürz

- Mehl und 1 Ei, verquirlt, oder
  Paniermasse, Seite 112
- feiner Maisgrieß

- Butter, Bratbutter, Öl oder Schweinefett,
  zum Braten

1 Kalbsschnitzel flach legen und leicht klopfen. Je 1 Scheibe Emmentaler Käse in den Buurehamme einpacken, allseitig gut verschließen. Auf eine Schnitzelhälfte legen, zweite Hälfte darüberlegen, gut verschließen und den Rand andrücken, leicht würzen.

2 Cordons bleus zuerst im Mehl und dann im verquirlten Ei oder in der Paniermasse wenden, mit dem Maisgrieß panieren, gut andrücken. 1½ Stunden ruhen lassen (während der Ruhezeit «versiegelt» das Ei die Fleischöffnung und verhindert, dass der Käse während dem Braten ausläuft).

3 Cordons bleus in der Bratpfanne in der Butter bei mittlerer Hitze beidseitig je 5 Minuten braten.

3 **Gaskugelgrill** Barbecue-Pfanne oder Gourmet-Pfanne 5 Minuten auf mittlerer Hitze vorheizen. Butter zergehen lassen und Cordons bleus auf kleinster Stufe beidseitig je 5 Minuten braten.
Funnel direkte Wärme – **Deckel** offen – **Grillzubehör** Barbecue-Pfanne oder Gourmet-Pfanne
Vorheizen 5 Minuten, Stufe 2, geschlossener Deckel – **Grillzeit** 10 Minuten

Schwein

Cordon bleu «Viva Italia»

———

Cordon bleu «Innerschweiz»

———

Walliser-Cordon-bleu

———

Cordon bleu Espagna

———

Thurgauer-Cordon-bleu

———

Schweins-Cordon-bleu traditionell

———

Cordon bleu «Andeer»

———

Cordon bleu à ma façon

———

Cordon bleu «Viva Italia»

ZUTATEN

– 4 Schweinsschnitzel vom Nierstück, je 120 g,
  doppelt geschnitten
– 8 Scheiben Parmaschinken, je 15 g
– 160 g Mozzarella am Stück, in 8 Portionen
– 4 Basilikumblättchen, in Streifen
– 30 g eingelegte, getrocknete Tomaten, in Streifen
– Salz und Pfeffer oder Fleischgewürz

– Mehl und 1 Ei, verquirlt, oder
  Paniermasse, Seite 112
– Paniermehl

– Butter, Bratbutter, Öl oder Schweinefett,
  zum Braten

1 Schweinsschnitzel flach legen und leicht klopfen. Je 2 Schinkenscheiben leicht überlappend
  auf die Arbeitsfläche legen, Mozzarella, Basilikum und getrocknete Tomaten darauf verteilen, allseitig gut verschließen. Auf eine Schnitzelhälfte legen, zweite Hälfte darüberlegen,
  gut verschließen und den Rand andrücken, leicht würzen.
2 Cordons bleus zuerst im Mehl und dann im verquirlten Ei oder in der Paniermasse wenden,
  mit dem Paniermehl panieren, gut andrücken. 1½ Stunden ruhen lassen (während der
  Ruhezeit «versiegelt» das Ei die Fleischöffnung und verhindert, dass der Käse während dem
  Braten ausläuft).
3 Cordons bleus in der Bratpfanne in der Butter bei mittlerer Hitze beidseitig je 5 Minuten
  braten.

3 **Gaskugelgrill** Barbecue-Pfanne oder Gourmet-Pfanne 5 Minuten bei mittlerer Hitze
  vorheizen. Butter zergehen lassen und Cordons bleus auf kleinster Stufe beidseitig
  je 5 Minuten braten.
  Funnel direkte Wärme – **Deckel** offen – **Grillzubehör** Barbecue-Pfanne oder Gourmet-Pfanne
  Vorheizen 5 Minuten, Stufe 2, geschlossener Deckel – **Grillzeit** 10 Minuten

Cordon bleu «Innerschweiz»

ZUTATEN

- 4 Schweinsschnitzel vom Nierstück, je 100 g, doppelt geschnitten
- 8 Scheiben Muotathaler Rohschinken, je 8 g
- 120 g Sbrinz, in Scheiben
- 60 g Cornichons, in feinen Scheiben
- 100 g mehligkochende Kartoffeln, in 5 mm großen Würfelchen
- wenig Butter
- Salz und Pfeffer oder Fleischgewürz

- Mehl und 1 Ei, verquirlt, oder Paniermasse, Seite 112
- Paniermehl

- Butter, Bratbutter, Öl oder Schweinefett, zum Braten

1 Schweinsschnitzel flach legen und leicht klopfen.
2 Kartoffelwürfelchen in der Butter andünsten.
3 Je 2 Schinkenscheiben überlappend auf die Arbeitsfläche legen, Sbrinz, Cornichons und Kartoffeln darauf verteilen, allseitig gut verschließen. Auf eine Schnitzelhälfte legen, zweite Hälfte darüberlegen, gut verschließen und den Rand andrücken, leicht würzen.
4 Cordons bleus zuerst im Mehl und dann im verquirlten Ei oder in der Paniermasse wenden, mit dem Paniermehl panieren, gut andrücken. 1½ Stunden ruhen lassen (während der Ruhezeit «versiegelt» das Ei die Fleischöffnung und verhindert, dass der Käse während dem Braten ausläuft).
5 Cordons bleus in der Bratpfanne in der Butter bei mittlerer Hitze beidseitig je 5 Minuten braten.

5 **Gaskugelgrill** Barbecue-Pfanne oder Gourmet-Pfanne 5 Minuten auf mittlerer Hitze vorheizen. Butter zergehen lassen und Cordons bleus auf kleinster Stufe beidseitig je 5 Minuten braten.
Funnel direkte Wärme – **Deckel** offen – **Grillzubehör** Barbecue-Pfanne oder Gourmet-Pfanne
Vorheizen 5 Minuten, Stufe 2, geschlossener Deckel – **Grillzeit** 10 Minuten

Walliser-Cordon-bleu

───── ZUTATEN ─────

– 4 Schweinshalsschnitzel, je 170 g,
  doppelt geschnitten
– 120 g Walliser Trockenfleisch, fein geschnitten
– 220 g Walliser Raclettekäse, in Scheiben
– 80 g getrocknete Aprikosen, in Streifen
– Salz und Pfeffer oder Fleischgewürz

– Mehl und 1 Ei, verquirlt, oder
  Paniermasse, Seite 112
– Paniermehl und Kokosraspel (Verhältnis 1:1)

– Butter, Bratbutter, Öl oder Schweinefett,
  zum Braten

1 Schweinsschnitzel flach legen und leicht klopfen. Trockenfleisch in vier Portionen leicht
  überlappend auf die Arbeitsfläche legen, Raclettekäse und Aprikosen darauflegen, gut in das
  Trockenfleisch einpacken, von allen Seiten gut verschließen, auf die eine Fleischhälfte
  legen und mit der zweiten Fleischhälfte bedecken, gut verschließen, Rand andrücken. Leicht
  würzen.
2 Cordons bleus zuerst im Mehl und dann im verquirlten Ei oder in der Paniermasse wenden,
  mit Paniermehl-Kokosraspel-Mix panieren, gut andrücken. 1½ Stunden ruhen lassen
  (während der Ruhezeit «versiegelt» das Ei die Fleischöffnung und verhindert so, dass der Käse
  während dem Braten ausläuft).
3 Walliser Cordons bleus in der Bratpfanne in der Butter bei mittlerer Hitze beidseitig je
  6 Minuten braten.

3 **Gaskugelgrill** Barbecue-Pfanne oder Gourmet-Pfanne 5 Minuten auf mittlerer Hitze
  vorheizen. Butter zergehen lassen und Cordons bleus auf kleinster Stufe beidseitig
  je 6 Minuten braten.
  Funnel direkte Wärme – **Deckel** offen – **Grillzubehör** Barbecue-Pfanne oder Gourmet-Pfanne
  Vorheizen 5 Minuten, Stufe 2, geschlossener Deckel – **Grillzeit** 12 Minuten

Cordon bleu «Espagna»

ZUTATEN

– 2 Schweinsfilets, je ca. 270 g
– 100 g Serrano-Schinken
  (luftgetrockneter Schinken), in Scheiben
– 100 g halbharter, vollfetter Schafskäse,
  in Scheiben
– Salz und Pfeffer oder Fleischgewürz

– Mehl und 1 Ei, verquirlt, oder
  Paniermasse, Seite 112
– Paniermehl

– Butter, Bratbutter, Öl oder Schweinefett,
  zum Braten

1 Schweinsfilets von der Mitte her zu einem flachen Fleischstück schneiden, einseitig mit Salz und Pfeffer würzen, mit dem Schinken belegen, Schafskäse und Schinken darauf verteilen, Schinkenenden nach innen legen, satt in das Fleisch einrollen, gut verschließen, leicht würzen.
2 Schweinsfilets zuerst im Mehl und dann im verquirlten Ei oder in der Paniermasse wenden, im Paniermehl panieren, gut andrücken. 1½ Stunden ruhen lassen (während der Ruhezeit «versiegelt» das Ei das Fleisch).
3 Cordons bleus in der Bratpfanne in der Butter bei mittlerer Hitze etwa 4 Minuten braten. Dann im vorgeheizten Ofen bei 80 °C etwa 20 Minuten ziehen lassen.

3 **Gaskugelgrill** Gourmet-Pfanne auf Grillrost stellen und 3 Minuten bei kleiner Hitze vorheizen. Butter zergehen lassen und Cordons bleus etwa 4 Minuten braten. Kleinen Brenner einschalten, großen Brenner ausschalten und Cordons bleus mit geschlossenem Deckel bei ca. 80 °C etwa 20 Minuten ziehen lassen.
Funnel indirekte Wärme – **Deckel** geschlossen – **Grillzubehör** Grillrost, Gourmet-Pfanne
Vorheizen 5 Minuten, Stufe 2, geschlossener Deckel – **Grillzeit** 24 Minuten

Thurgauer-Cordon-bleu

ZUTATEN

– 4 Schweinseckstücke (Bäggli),
  doppelt geschnitten
– 8 Scheiben Hinterschinken, je 20 g
– 4 Scheiben milder Tilsiter, je 50 g
– 2 Gala-Äpfel, 200 g
– Salz und Pfeffer oder Fleischgewürz

– Mehl und 1 Ei, verquirlt, oder
  Paniermasse, Seite 112
– Kartoffelflocken

– Butter, Bratbutter, Öl oder Schweinefett,
  zum Braten

1 Schweinsschnitzel flach legen und leicht klopfen. Je 2 Schinkenscheiben leicht überlappend auf die Arbeitsfläche legen, Tilsiter darauflegen. Äpfel mit Schale fein reiben und
  auf dem Käse verteilen, in den Schinken einpacken, von allen Seiten gut verschließen,
  auf die eine Fleischhälfte legen und mit der zweiten Fleischhälfte bedecken, gut
  verschließen, Rand andrücken. Leicht würzen.
2 Cordons bleus zuerst im Mehl und dann im verquirlten Ei oder in der Paniermasse wenden,
  mit Kartoffelflocken panieren, gut andrücken. 1½ Stunden ruhen lassen (während der
  Ruhezeit «versiegelt» das Ei die Fleischöffnung und verhindert so, dass der Käse während
  dem Braten ausläuft).
3 Thurgauer-Cordons-bleus in der Bratpfanne in der Butter bei mittlerer Hitze beidseitig
  je 6 Minuten braten.

3 **Gaskugelgrill** Barbecue-Pfanne oder Gourmet-Pfanne 5 Minuten auf mittlerer Hitze
  vorheizen. Butter zergehen lassen und Cordons bleus auf kleinster Stufe beidseitig
  je 6 Minuten braten.
  Funnel direkte Wärme – **Deckel** offen – **Grillzubehör** Barbecue-Pfanne oder Gourmet-Pfanne
  Vorheizen 5 Minuten, Stufe 2, geschlossener Deckel – **Grillzeit** 12 Minuten

Schweins-Cordon-bleu traditionell

ZUTATEN

– 4 Schweinsschnitzel vom Nierstück, je 80 g,
  doppelt geschnitten
– 4 Schinkenscheiben ohne Fett, je 25 g
– 4 Gruyèrescheiben, je 25 g
– 100 g gehobelter Sbrinz, 36 Monate alt
– Salz und Pfeffer oder Fleischgewürz

– Mehl und 1 Ei, verquirlt oder
  Paniermasse, Seite 112
– Paniermehl mit frisch gehackten Kräutern

– Butter, Bratbutter, Öl oder Schweinefett,
  zum Braten

1 Schweinsschnitzel flach legen und leicht klopfen. Je 1 Gruyèrescheibe und den gehobelten
  Sbrinz in eine Schinkenscheibe einpacken, allseitig gut verschließen. Auf eine Schnitzelhälfte legen, zweite Hälfte darüberlegen, gut verschließen und den Rand andrücken, leicht
  würzen.
2 Cordons bleus zuerst im Mehl und dann im verquirlten Ei oder in der Paniermasse wenden,
  mit dem Kräuterpaniermehl panieren, gut andrücken. 1½ Stunden ruhen lassen (während der
  Ruhezeit «versiegelt» das Ei die Öffnung und verhindert, dass der Käse während dem Braten
  ausläuft).
3 Cordons bleus in der Bratpfanne in der Butter bei mittlerer Hitze beidseitig je 5 Minuten
  braten.

3 **Gaskugelgrill** Barbecue-Pfanne oder Gourmet-Pfanne 5 Minuten auf mittlerer Hitze
  vorheizen. Butter zergehen lassen und Cordons bleus auf kleinster Stufe beidseitig
  je 5 Minuten braten.
  Funnel direkte Wärme – **Deckel** offen – **Grillzubehör** Barbecue-Pfanne oder Gourmet-Pfanne
  Vorheizen 5 Minuten, Stufe 2, geschlossener Deckel – **Grillzeit** 10 Minuten

Cordon bleu «Andeer»

───── ZUTATEN ─────

- 4 Schweinsschnitzel, je 120 g, doppelt geschnitten
- 120 g Andeer Röteli-Salsiz (Metzgerei Riser)
  oder normales Salsiz
- 120 g Andeer Bio-Bergkäse oder
  beliebiger Bergkäse
- Schweizer Bienenhonig
- Salz und Pfeffer oder Fleischgewürz
- Pfeffer aus der Mühle

- Mehl und 1 Ei, verquirlt, oder
  Paniermasse, Seite 112
- 200 g Zwieback, fein zerdrückt

- Butter, Bratbutter, Öl oder Schweinefett,
  zum Braten

1 Schweinsschnitzel flach legen und leicht klopfen. Röteli-Salsiz längs in feine Scheiben schneiden und überlappend auf eine Fleischhälfte legen. Käse darauflegen, mit flüssigem Honig beträufeln, Röteli-Salsiz darüberlegen, mit der zweiten Fleischhälfte bedecken, gut verschließen, Rand andrücken. Leicht würzen.

2 Cordons bleus zuerst im Mehl und dann im verquirlten Ei oder in der Paniermasse wenden, mit dem Zwieback panieren, gut andrücken. 1½ Stunden ruhen lassen (während der Ruhezeit «versiegelt» das Ei die Fleischöffnung und verhindert so, dass der Käse während dem Braten ausläuft).

3 Cordons bleus in der Bratpfanne in der Butter bei mittlerer Hitze beidseitig je 5 Minuten braten.

3 **Gaskugelgrill** Barbecue-Pfanne oder Gourmet-Pfanne 5 Minuten auf mittlerer Hitze vorheizen. Butter zergehen lassen und Cordons bleus auf kleinster Stufe beidseitig je 5 Minuten braten.
Funnel direkte Wärme – **Deckel** offen – **Grillzubehör** Barbecue-Pfanne oder Gourmet-Pfanne
Vorheizen 5 Minuten, Stufe 2, geschlossener Deckel – **Grillzeit** 10 Minuten

Cordon bleu à ma façon

ZUTATEN

- 4 Schweinschnitzel vom Nierstück, je 100 g,
  doppelt geschnitten
- 8 dünne Scheiben Serrano-Schinken
- 120 g getrocknete Feigen, klein gewürfelt
- 60 g Cantadou,
  Knoblauch und Kräuter der Provence
- 20 g Rucola, fein geschnitten

Marinade
- 30 g Olivenöl
- 10 g Fleischgewürz
- 10 g milder Senf
- 2 Spritzer Sojasauce
- wenig getrocknete Chilischote aus der Mühle

- Butter, Bratbutter, Öl oder Schweinefett,
  zum Braten

1 Schweinsschnitzel flach legen und leicht klopfen. Je 2 Schinkenscheiben leicht überlappend auf die Arbeitsfläche legen. Feigen, Cantadou, Rucola und Balsamico mischen, in
  die Mitte des Schinkens geben und einpacken, auf allen Seiten gut verschließen, auf
  die eine Fleischhälfte legen und mit der zweiten Fleischhälfte bedecken, gut verschließen,
  Rand andrücken. Mit der Marinade bestreichen.
2 Cordons bleus in der Butter bei mittlerer Hitze beidseitig je 5 Minuten braten.

2 **Gaskugelgrill** Grillplatte 5 Minuten auf mittlerer Hitze vorheizen. Cordon bleu auf
  die Grillplatte legen, bei mittlerer Hitze beidseitig je 4 Minuten grillen.
  Funnel direkte Wärme – **Deckel** offen – **Grillzubehör** Grillplatte mit glatter Oberfläche
  Vorheizen 5 Minuten, Stufe 2, geschlossener Deckel – **Grillzeit** 8 Minuten

Rind, Lamm, Wild, Kaninchen

Kaninchen-Cordon-bleu

Burger-Cordon-bleu

Stiefel-Cordon-bleu

Cordon bleu «Sommer»

Freiburger-Cordon-bleu

Cordon bleu «Herbst»

Bündner-Cordon-bleu

Cordon bleu «Winter»

Genfer-Cordon-bleu

Kaninchen-Cordon-bleu

ZUTATEN

- 8 Portionen Kaninchenfilets, ohne Silberhaut,
  je 70 g
- 200 g Schafskäse «Hölziges Schaf» (Weichkäse),
  von Willi Schmid
- 160 g Serrano-Schinken, in Scheiben
- 8 grüne Oliven ohne Stein, halbiert
- Salz und Pfeffer oder Fleischgewürz

- Mehl und 1 Ei, verquirlt, oder
  Paniermasse, Seite 112
- Vollkornmehl

- Butter, Bratbutter, Öl oder Schweinefett,
  zum Braten

1 Kaninchenfilets längs einschneiden. Je 2 Filets entgegengesetzt und leicht überlappend
  zu einem Rechteck legen und flach klopfen.
2 Schinken auf die Arbeitsfläche legen, Schafskäse und Oliven darauflegen, in den Schinken
  einpacken, von allen Seiten gut verschließen, auf die eine Fleischhälfte legen und mit
  der zweiten Fleischhälfte bedecken, gut verschließen, Rand andrücken. Leicht würzen.
3 Cordons bleus zuerst im Mehl und dann im verquirlten Ei oder in der Paniermasse wenden,
  mit Vollkornpaniermehl panieren, gut andrücken. 1½ Stunden ruhen lassen (während
  der Ruhezeit «versiegelt» das Ei die Fleischöffnung und verhindert, dass der Käse während
  dem Braten ausläuft).
4 Cordons bleus in der Bratpfanne in der Butter bei mittlerer Hitze beidseitig je 4 Minuten
  braten.

4 **Gaskugelgrill** Barbecue-Pfanne oder Gourmet-Pfanne 5 Minuten auf mittlerer Hitze
  vorheizen. Butter zergehen lassen und Cordons bleus auf kleinster Stufe beidseitig
  je 4 Minuten braten.
  Funnel direkte Wärme – **Deckel** offen – **Grillzubehör** Barbecue-Pfanne oder Gourmet-Pfanne
  Vorheizen 5 Minuten, Stufe 2, geschlossener Deckel – **Grillzeit** 10 Minuten

Burger-Cordon-bleu

ZUTATEN

- 650 g mageres Rindshackfleisch oder
  gehacktes Rindfleisch vom Suppenfleischstück
  (ist saftiger)
- Salz
- Pfeffer aus der Mühle
- 10 g UrDinkelweißmehl
- 50 g kaltes Wasser

- wenig Butter
- 120 g Hinterschinken, gewürfelt
- 120 g rezenter Gruyère, gerieben

- Mehl und 1 Ei, verquirlt, oder
  Paniermasse, Seite 112
- UrDinkelpaniermehl

- Butter, Bratbutter, Öl oder Schweinefett,
  zum Braten

1 Hackfleisch mit Salz und Peffer würzen, gut kneten, bis die Masse bindet. Mehl mit
  dem Wasser glatt rühren, zum Hackfleisch geben, kneten, bis die Masse fest ist. Fleisch in
  8 Portionen teilen und Burger formen.
2 Schinkenwürfelchen in der Butter anbraten.
3 4 Burger mit Schinkenwürfelchen und Gruyère belegen, zweiten Burger darauflegen,
  Ränder gut zusammendrücken, ganzen Burger vorsichtig zusammendrücken.
4 Cordons bleus zuerst im Mehl und dann im verquirlten Ei oder in der Paniermasse wenden,
  im Paniermehl panieren, gut andrücken. 1½ Stunden ruhen lassen (während der Ruhezeit «versiegelt» das Ei das Fleisch und verhindert, dass der Käse während dem Braten ausläuft).
5 Cordons bleus in der Bratpfanne in der Butter bei mittlerer Hitze beidseitig je 7 Minuten
  braten.

5 **Gaskugelgrill** Barbecue-Pfanne 5 Minuten auf mittlerer Hitze vorheizen. Butter zergehen
  lassen und Cordons bleus auf kleinster Stufe beidseitig je 7 Minuten braten.
  Funnel direkte Wärme – **Deckel** offen – **Grillzubehör** Barbecue-Pfanne oder Gourmet-Pfanne
  Vorheizen 5 Minuten, Stufe 2, geschlossener Deckel – **Grillzeit** 14 Minuten

Stiefel-Cordon-bleu

ZUTATEN

- 4 Rindshuftschnitzel, je 100 g,
  doppelt geschnitten
- 120 g Salami «Citterio», in feinen Scheiben
- 200 g Gorgonzola, in Scheiben
- Salz und Pfeffer oder Fleischgewürz

- Mehl und 1 Ei, verquirlt, oder
  Paniermasse, Seite 112
- Paniermehl

- Butter, Bratbutter, Öl oder Schweinefett,
  zum Braten

1 Rindshuftschnitzel flach legen und leicht klopfen. Salamischeiben in vier Portionen leicht überlappend auf die Arbeitsfläche legen und Gorgonzola darauf verteilen, in den Salami einpacken, allseitig gut verschließen. Auf eine Schnitzelhälfte legen, zweite Hälfte darüberlegen, gut verschließen und den Rand andrücken, leicht würzen.

2 Cordons bleus zuerst im Mehl und dann im verquirlten Ei oder in der Paniermasse wenden, mit dem Paniermehl panieren, gut andrücken. 1½ Stunden ruhen lassen (während der Ruhezeit «versiegelt» das Ei die Fleischöffnung und verhindert, dass der Käse während dem Braten ausläuft).

3 Cordons bleus in der Bratpfanne in der Butter bei mittlerer Hitze beidseitig je 5 Minuten braten.

3 **Gaskugelgrill** Barbecue-Pfanne oder Gourmet-Pfanne 5 Minuten auf mittlerer Hitze vorheizen. Butter zergehen lassen und Cordons bleus auf kleinster Stufe beidseitig je 5 Minuten braten.
Funnel direkte Wärme – **Deckel** offen – **Grillzubehör** Barbecue-Pfanne oder Gourmet-Pfanne
Vorheizen 5 Minuten, Stufe 2, geschlossener Deckel – **Grillzeit** 10 Minuten

Cordon bleu «Sommer»

ZUTATEN

– 2 Lammnierstücke, je 230 g, doppelt geschnitten
– 2 Scheiben Landrauchschinken, je 30 g
– 80 g grüner Spargel
– wenig Butter
– 60 g Ricotta
– 60 g Sbrinz, in kleinen Stücken
– Salz und Pfeffer oder Fleischgewürz

– Mehl und 1 Ei, verquirlt, oder
  Paniermasse, Seite 112
– Cornflakes

– Butter, Bratbutter, Öl oder Schweinefett,
  zum Braten

1 Unteres Drittel des Spargels schälen, Schnittstelle kappen, quer halbieren. In der Butter knackig dünsten.
2 Lammnierstücke flach legen und leicht klopfen. Auf die eine Hälfte (in Längsrichtung) den Landrauchschinken legen, Ricotta darauf verstreichen, Grünspargel darauflegen, Sbrinz darauflegen. Freie Hälfte darüberlegen, gut verschließen und vorsichtig andrücken, leicht würzen.
3 Cordons bleus zuerst im Mehl und dann im verquirlten Ei oder in der Paniermasse wenden und mit den Cornflakes panieren, gut andrücken. 1½ Stunden ruhen lassen (während der Ruhezeit «versiegelt» das Ei die Fleischöffnung und verhindert damit, dass der Käse während dem Braten ausläuft).
4 Cordons bleus in der Bratpfanne in der Butter bei mittlerer Hitze beidseitig je 3 Minuten braten. Im vorgeheizten Backofen bei 60 °C etwa 8 Minuten ziehen lassen.

4 **Gaskugelgrill** Gourmet-Pfanne auf Grillrost stellen und 3 Minuten bei kleiner Hitze vorheizen. Butter zergehen lassen und Cordons bleus beidseitig je 3 Minuten braten. Kleinen Brenner einschalten, großen Brenner ausschalten und Cordons bleus mit geschlossenem Deckel bei ca. 80 °C etwa 8 Minuten ziehen lassen.
Funnel indirekte Wärme – **Deckel** geschlossen – **Grillzubehör** Grillrost, Gourmet-Pfanne
Vorheizen 5 Minuten, Stufe 1, geschlossener Deckel – **Grillzeit** 14 Minuten

Freiburger-Cordon-bleu

ZUTATEN

– 4 Rindshuftschnitzel, doppelt geschnitten
– 4 Toastbrotscheiben
– wenig Weißwein
– 4 Scheiben Bratspeck, je 30 g
– 4 Scheiben Freiburger Vacherin, je 40 g
– 10 g Knoblauch, in feinen Scheiben
– Salz und Pfeffer oder Fleischgewürz

– Öl, zum Braten

1 Rindsschnitzel flach legen und leicht klopfen.
2 Brotscheiben toasten, ein wenig auskühlen lassen und mit Weißwein beträufeln.
3 Bratspeck in der Bratpfanne anbraten, herausnehmen. Knoblauch in der gleichen Pfanne andünsten.
4 Bratspeck, Freiburger Vacherin und Knoblauch auf eine Toasthälfte legen, mit der zweiten Hälfte zudecken. Toastpäckchen auf eine Fleischhälfte legen, mit der zweiten Hälfte zudecken. Gut verschließen. Mit Salz und Pfeffer würzen. 30 Minuten ruhen lassen.
5 Cordons bleus in der Bratpfanne im heißen Öl kurz braten. Im vorgeheizten Backofen bei 60 °C 8 Minuten ziehen lassen.

2 **Gaskugelgrill** Brotscheiben beidseitig auf dem Grillrost bei geschlossenem Deckel toasten, ein wenig auskühlen lassen und mit Weißwein beträufeln.
Gourmet-Pfanne auf den Grillrost stellen und auf kleinster Stufe vorheizen.
5 Cordon bleus im heißen Öl in der Gourmet-Pfanne kurz anbraten. Kleinen Brenner einschalten, großen Brenner ausschalten, Cordons bleus mit geschlossenem Deckel bei ca. 80 °C etwa 8 Minuten ziehen lassen.
Funnel indirekte Wärme – **Deckel** offen/geschlossen – **Grillzubehör** Gourmet-Pfanne
Vorheizen 5 Minuten, Stufe 2 – **Grillzeit** 10 Minuten

Cordon bleu «Herbst»

ZUTATEN

– 4 Wildschweinschnitzel, je 120 g,
  doppelt geschnitten
– 4 Scheiben Hinterschinken, je 40 g
– 150 g Kürbis, vorzugsweise Butternut
– wenig Butter
– 80 g Mascarpone
– 80 g Sbrinz, in kleinen Stücken, 36 Monate alt
– Salz und Pfeffer oder Fleischgewürz

– Mehl und 1 Ei, verquirlt, oder
  Paniermasse, Seite 112
– Maisgrieß, gemischt

– Butter, Bratbutter, Öl oder Schweinefett,
  zum Braten

1 Kürbis mit Schale in Würfelchen schneiden und in der Butter weich dünsten.

2 Wildschweinschnitzel flach legen und leicht klopfen. Schinken auf die Arbeitsfläche legen, Kürbis darauf verteilen, Mascarpone auf dem Kürbis verstreichen, mit Sbrinz belegen, gut in den Schinken einpacken. Auf eine Schnitzelhälfte legen, zweite Hälfte darüberlegen, gut verschließen und den Rand andrücken, leicht würzen.

3 Cordons bleus zuerst im Mehl und dann im verquirlten Ei oder in der Paniermasse wenden und mit dem Maisgrieß panieren, gut andrücken. 1½ Stunden ruhen lassen (während der Ruhezeit «versiegelt» das Ei die Fleischöffnung und verhindert so, dass der Käse während dem Braten ausläuft).

4 Cordons bleus in der Bratpfanne in der Butter bei mittlerer Hitze beidseitig je 3 Minuten braten. Im vorgeheizten Backofen bei 65 °C etwa 8 Minuten ziehen lassen.

4 **Gaskugelgrill** Gourmet-Pfanne auf Grillrost stellen und 3 Minuten bei kleiner Hitze vorheizen. Butter zergehen lassen und Cordons bleus beidseitig je 3 Minuten braten. Kleinen Brenner einschalten, großen Brenner ausschalten und Cordons bleus mit geschlossenem Deckel bei ca. 80 °C etwa 8 Minuten ziehen lassen.
Funnel indirekte Wärme – **Deckel** geschlossen – **Grillzubehör** Grillrost, Gourmet-Pfanne
Vorheizen 3 Minuten, Stufe 1, geschlossener Deckel – **Grillzeit** 14 Minuten

Bündner-Cordon-bleu

ZUTATEN

- 2 Rehecke (Bäggli), je 300 g
- 40 g Bündnerfleischscheiben
- 100 g Bündner Bergkäse, in Scheiben
- 80 g getrocknete Feigen, fein geschnitten
- Salz und Pfeffer oder Fleischgewürz

- Mehl und 1 Ei, verquirlt, oder
  Paniermasse, Seite 112
- fein geriebene Haselnüsse

- Butter, Bratbutter, Öl oder Schweinefett,
  zum Braten

1 Vorsichtig eine Tasche in die Rehbäggli schneiden. Mit Bündnerfleisch auskleiden (es soll das Rehfleisch überlappen), Käse und Feigen einfüllen, mit Bündnerfleisch verschließen.
2 Cordons bleus zuerst im Mehl und dann im verquirlten Ei oder in der Paniermasse wenden, mit den Haselnüssen panieren, gut andrücken. 1½ Stunden ruhen lassen (während der Ruhezeit «versiegelt» das Ei die Fleischöffnung und verhindert so, dass der Käse während dem Braten ausläuft).
3 Cordons bleus in der Bratpfanne in der Butter bei mittlerer Hitze beidseitig je 5 Minuten braten.

3 **Gaskugelgrill** Barbecue-Pfanne oder Gourmet-Pfanne 5 Minuten auf mittlerer Hitze vorheizen. Butter zergehen lassen und Bündner-Cordons-bleus auf kleinster Stufe je 5 Minuten braten.
Funnel direkte Wärme – **Deckel** offen – **Grillzubehör** Barbecue-Pfanne oder Gourmet-Pfanne
Vorheizen 5 Minuten, Stufe 2, geschlossener Deckel – **Grillzeit** 10 Minuten

Cordon bleu «Winter»

ZUTATEN

- 4 Rindsfiletmedaillons, je 160 g,
  doppelt geschnitten
- 4 Scheiben Bündnerfleisch, je ca. 8 g
- 100 g Roquefort
- 4 getrocknete Aprikosen, in Whisky eingeweicht
- Salz und Pfeffer oder Fleischgewürz

- Butter, zum Braten

---

1 Rindsfiletmedaillons flach legen und leicht klopfen.

2 Roquefort in Scheiben auf das Bündnerfleisch verteilen, Aprikose darauflegen, in das Fleisch einpacken. Auf eine Filethälfte legen, zweite Hälfte darüberlegen, gut verschließen und den Rand andrücken, leicht würzen.

3 Cordons bleus in der Bratpfanne in der heißen Butter beidseitig je 20 Sekunden braten. Im vorgeheizten Backofen bei 60 °C etwa 5 Minuten ziehen lassen.

---

3 **Gaskugelgrill** Gourmet-Pfanne auf Grillrost stellen und 3 Minuten bei kleiner Hitze vorheizen. Butter zergehen lassen und Cordons bleus beidseitig je 20 Sekunden braten. Kleinen Brenner einschalten, großen Brenner ausschalten und Cordons bleus mit geschlossenem Deckel bei ca. 80 °C etwa 5 Minuten ziehen lassen.

Funnel indirekte Wärme – **Deckel** geschlossen – **Grillzubehör** Grillrost, Gourmet-Pfanne
Vorheizen 3 Minuten, Stufe 1, geschlossener Deckel – **Grillzeit** 5 Minuten

Genfer-Cordon-bleu

ZUTATEN

– 4 Lammnierstücke
– 4 Scheiben geräucherter Trutenschinken, je 20 g
– 100 g Tomme vaudoise, in Scheiben
– 4 eingelegte, getrocknete Tomaten,
  fein geschnitten
– 20 g Knoblauchzehen
– wenig Butter
– Salz und Pfeffer oder Fleischgewürz

– Mehl und 1 Ei, verquirlt, oder
  Paniermasse, Seite 112
– Paniermehl

– Butter, Bratbutter, Öl oder Schweinefett,
  zum Braten

1 In das Lammfleisch vorsichtig eine Tasche schneiden.
2 Knoblauch schälen und in feine Scheiben schneiden, in der Butter andünsten.
3 Trutenschinken auf die Arbeitsfläche legen, Tomme vaudoise, Tomaten und Knoblauch
  darauf verteilen, allseitig gut verschließen. In das Lammfleisch legen, gut verschließen und
  den Rand andrücken, leicht würzen.
4 Cordons bleus zuerst im Mehl und dann im verquirlten Ei oder in der Paniermasse wenden,
  mit dem Paniermehl panieren, gut andrücken. 1½ Stunden ruhen lassen (während der
  Ruhezeit «versiegelt» das Ei die Fleischöffnung und verhindert, dass der Käse während dem
  Braten ausläuft).
5 Cordons bleus in der Bratpfanne in der Butter bei mittlerer Hitze beidseitig je 4 Minuten
  braten.

5 **Gaskugelgrill** Barbecue-Pfanne oder Gourmet-Pfanne 5 Minuten auf mittlerer Hitze
vorheizen. Butter zergehen lassen und Cordons bleus auf kleinster Stufe beidseitig
je 4 Minuten braten.
Funnel direkte Wärme – **Deckel** offen – **Grillzubehör** Barbecue-Pfanne oder Gourmet-Pfanne
Vorheizen 5 Minuten, Stufe 2, geschlossener Deckel **Grillzeit** 8 Minuten

Geflügel

Appenzeller-Cordon-bleu

———

Poulet-Cordon-bleu

———

Glarner-Cordon-bleu

———

Entenbrust-Cordon-bleu

———

Appenzeller-Cordon-bleu

―――― ZUTATEN ――――

– 4 Trutenbrustfilets, je 140 g, doppelt geschnitten
– 80 g Mostmöckli, fein geschnitten
– 200 g Appenzeller Käse extra, in Scheiben
– 6 Pflaumen, entsteint, in Streifen
– Salz und Pfeffer oder Geflügelgewürz

– Mehl und 1 Ei, verquirlt, oder
  Paniermasse, Seite 112
– Paniermehl und geriebene Mandeln
  (Verhältnis 1:1)

– Butter, Bratbutter, Öl oder Schweinefett,
  zum Braten

1 Trutenfleisch flach legen und leicht klopfen. Mostmöckli auf eine Fleischhälfte legen. Käse darauflegen, mit Pflaumen bestreuen, mit der zweiten Fleischhälfte bedecken, gut verschließen, Rand andrücken. Leicht würzen.

2 Cordons bleus zuerst im Mehl und dann im verquirlten Ei oder in der Paniermasse wenden, mit der Paniermehl-Mandel-Mischung panieren, gut andrücken. 1½ Stunden ruhen lassen (während der Ruhezeit «versiegelt» das Ei die Fleischöffnung und verhindert so, dass der Käse während dem Braten ausläuft).

3 Cordons bleus in der Bratpfanne in der Butter bei mittlerer Hitze beidseitig je 5 Minuten braten.

3 **Gaskugelgrill** Barbecue-Pfanne oder Gourmet-Pfanne 5 Minuten auf mittlerer Hitze vorheizen. Butter zergehen lassen und Cordons bleus auf kleinster Stufe beidseitig je 5 Minuten braten.
Funnel direkte Wärme – **Deckel** offen – **Grillzubehör** Barbecue-Pfanne oder Gourmet-Pfanne
Vorheizen 5 Minuten, Stufe 2, geschlossener Deckel – **Grillzeit** 10 Minuten

Poulet-Cordon-bleu

ZUTATEN

- 4 Pouletbrustschnitzel, je 130 g
- 200 g Cantadou,
  Knoblauch und Kräuter der Provence
- Salz und Pfeffer oder Geflügelgewürz

- Mehl und 1 Ei, verquirlt, oder
  Paniermasse, Seite 112
- Paniermehl mit fein geriebener Limettenschale

- Butter, Bratbutter, Öl oder Schweinefett,
  zum Braten

1 In die Pouletbrüstchen vorsichtig eine Tasche schneiden.

2 Frischkäse in die Pouletbrusttaschen füllen, gut verschließen und den Rand andrücken.

3 Cordons bleus zuerst im Mehl und dann im verquirlten Ei oder in der Paniermasse
   wenden, mit dem Limettenpaniermehl panieren, gut andrücken. 1½ Stunden ruhen lassen
   (während der Ruhezeit «versiegelt» das Ei die Fleischöffnung und verhindert so, dass
   der Käse während dem Braten ausläuft).

4 Cordons bleus in der Bratpfanne in der Butter bei mittlerer Hitze beidseitig je 5 Minuten
   braten.

4 **Gaskugelgrill** Barbecue-Pfanne oder Gourmet-Pfanne 5 Minuten auf mittlerer Hitze
   vorheizen. Butter zergehen lassen und Cordons bleus auf kleinster Stufe beidseitig
   je 5 Minuten braten.
   Funnel direkte Wärme – **Deckel** offen – **Grillzubehör** Barbecue-Pfanne oder Gourmet-Pfanne
   Vorheizen 5 Minuten, Stufe 2, geschlossener Deckel – **Grillzeit** 10 Minuten

Glarner-Cordon-bleu

ZUTATEN

– 4 Pouletbrustschnitzel, je 130 g
– 1 Birne, z. B. Kaiser Alexander
– 80 g geriebener Glarner Schabziger
– 80 g geräucherter Trutenschinken, in Scheiben
– Salz und Pfeffer oder Geflügelgewürz

– Mehl und 1 Ei, verquirlt, oder
  Paniermasse, Seite 112
– Haferflocken

– Butter, Bratbutter, Öl oder Schweinefett,
  zum Braten

1 In die Pouletbrüstchen vorsichtig eine Tasche schneiden.
2 Birne schälen, vierteln und entkernen, in Würfelchen schneiden, mit dem Schabziger
  mischen.
3 Schabziger-Birnen-Masse in die Pouletbrüstchen füllen, Trutenschinken über die Masse in
  die Brüstchen drücken, gut verschließen und leicht würzen.
4 Cordons bleus zuerst im Mehl und dann im verquirlten Ei oder in der Paniermasse wenden,
  mit den Haferflocken panieren, gut andrücken. 1½ Stunden ruhen lassen (während der
  Ruhezeit «versiegelt» das Ei die Öffnung und verhindert, dass der Käse während dem Braten
  ausläuft).
5 Cordons bleus in der Bratpfanne in der Butter bei mittlerer Hitze beidseitig je 5 Minuten
  braten.

5 **Gaskugelgrill** Barbecue-Pfanne oder Gourmet-Pfanne 5 Minuten auf mittlerer Hitze
  vorheizen. Butter zergehen lassen und Cordons bleus auf kleinster Stufe beidseitig
  je 5 Minuten braten.
  Funnel direkte Wärme – **Deckel** offen – **Grillzubehör** Barbecue-Pfanne oder Gourmet-Pfanne
  Vorheizen 5 Minuten, Stufe 2, geschlossener Deckel – **Grillzeit** 10 Minuten

Entenbrust-Cordon-bleu

ZUTATEN

– 4 Entenbrüstchen, je 160 g
– 200 g gekochtes, geräuchertes Rippli, in feinen Scheiben
– 120 g Sbrinz, klein gewürfelt
– 100 g Kräuterfrischkäse
– 1 Orange, abgeriebene Schale
– Salz und Pfeffer

– Mehl und 1 Ei, verquirlt, oder Paniermasse, Seite 112
– Kokosnussraspel und Paniermehl (Verhältnis 1:1)

– Butter, Bratbutter, Öl oder Schweinefett, zum Braten

1 Das Fett bei den Entenbrüstchen entfernen. Brüstchen doppelt aufschneiden und klopfen.

2 Sbrinz und Kräuterfrischkäse in die Ripplischeiben einpacken. Auf eine Fleischhälfte legen, Orangenschale darüber verteilen, mit der zweiten Fleischhälfte zudecken, gut verschließen und andrücken.

3 Cordons bleus zuerst im Mehl und dann im verquirlten Ei oder in der Paniermasse wenden, mit dem Mix aus Kokosnussraspel-Paniermehl panieren, gut andrücken. 1½ Stunden ruhen lassen (während der Ruhezeit «versiegelt» das Ei die Fleischöffnung und verhindert, dass der Käse während dem Braten ausläuft).

4 Cordons bleus in der Butter bei mittlerer Hitze beidseitig je 4 Minuten braten. Im vorgeheizten Ofen bei 65 °C 10 Minuten ziehen lassen.

4 **Gaskugelgrill** Gourmet-Pfanne auf Grillrost stellen und 3 Minuten bei kleiner Hitze vorheizen. Butter zergehen lassen und Cordons bleus beidseitig je 4 Minuten braten. Kleinen Brenner einschalten, großen Brenner ausschalten und Cordons bleus mit geschlossenem Deckel bei ca. 80 °C etwa 10 Minuten ziehen lassen.

Funnel indirekte Wärme – **Deckel** offen/geschlossen – **Grillzubehör** Grillrost, Gourmet-Pfanne
Vorheizen 3 Minuten, Stufe 1, geschlossener Deckel – **Grillzeit** 18 Minuten

—Wurst und Brät—

Brät-Cordon-bleu

———

Fleischkäse-Cordon-bleu

———

Bratwurst-Cordon-bleu im Blätterteig

———

Älpler-Cordon-bleu

Brät-Cordon-bleu

──────────────── ZUTATEN ────────────────

– 600 g Kalbsbrät
– 4 Scheiben Schinken, je 25 g
– 200 g Sbrinz, in Scheiben
– Paniermehl

– Butter, Bratbutter, Öl oder Schweinefett,
  zum Braten

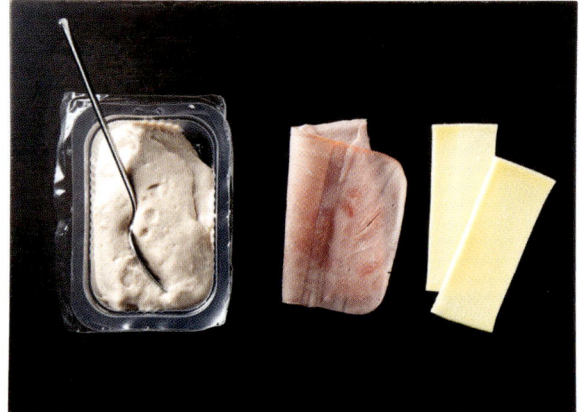

1 Kalbsbrät in vier Portionen auf einer flachen Unterlage verstreichen.
2 Sbrinz in den Schinken einpacken und in die Mitte der Kalbsbrätportionen legen. Brät mit einem Spachtel oder einem Esslöffel von allen Seiten über den Schinken verteilen, so dass man ein geschlossenes Brätpäckchen bekommt. Mit Hilfe eines feuchten Spachtels im Paniermehl wenden. Paniermehl vorsichtig andrücken. 30 Minuten ruhen lassen.
3 Cordons bleus in der Butter bei mittlerer Hitze beidseitig je 5 Minuten braten.

3 **Gaskugelgrill** Gourmet-Pfanne 1 Minuten auf kleinster Stufe vorheizen. Butter zergehen lassen und Cordons bleus beidseitig je 5 Minuten braten.
Funnel direkte Wärme – **Deckel** offen – **Grillzubehör** Gourmet-Pfanne
Vorheizen 3 Minuten, Stufe 1, geschlossener Deckel – **Grillzeit** 10 Minuten

═══ WURST UND BRÄT ═══

Fleischkäse-Cordon-bleu

── ZUTATEN ──

– 8 Scheiben Fleischkäse, je 60 g
– Senf
– 2 kleine Eier
– 25 g Paniermehl
– 80 g Sbrinz, gerieben
– Kartoffelgewürz

– 8 Holzspießchen, ca. 12 cm lang

– Butter, Bratbutter, Öl oder Schweinefett,
  zum Braten

1 Fleischkäsescheiben auf die Arbeitsfläche legen und mit Senf bestreichen. Eier, Paniermehl und Sbrinz verrühren, mit Kartoffelgewürz würzen. Die Käsemasse auf 4 Fleischkäsescheiben verteilen und mit der zweiten Scheibe zudecken. Mit den Holzspießchen verschließen.
2 Fleischkäse-Cordons-bleus in der Butter bei mittlerer Hitze beidseitig je 5 Minuten braten.

2 **Gaskugelgrill** Gourmet-Pfanne 1 Minute auf kleinster Stufe vorheizen. Butter zergehen
  lassen und Cordons bleus beidseitig je 5 Minuten braten.
  Funnel direkte Wärme – **Deckel** offen – **Grillzubehör** Gourmet-Pfanne
  Vorheizen 3 Minuten, Stufe 1, geschlossener Deckel – **Grillzeit** 10 Minuten

Bratwurst-Cordon-bleu im Blätterteig

─── ZUTATEN ───

– 4 Kalbsbratwürste, je 150 g
– milder Senf
– 200 g Zwiebeln
– wenig Butter
– 120 g Sbrinz, in Stückchen
– 4 Scheiben Landrauchschinken, je 35 g
– Salz und Pfeffer

– 4 Blätterteigrechtecke, 20 x 25 cm
– 1 Eigelb, zum Bestreichen

1 Bratwürste schälen und längs aufschneiden (nicht durchschneiden).
2 Zwiebeln halbieren und Hälften quer in feine Scheiben schneiden, in der Butter andünsten.
3 Backofen / Grill auf 180 °C vorheizen.
4 Schinken auf die Arbeitsfläche legen, Wurst mit Senf bestreichen und darauflegen, Zwiebeln und Sbrinz darauf verteilen, mit Salz und Pfeffer würzen, in den Schinken einpacken.
  Auf den Teig legen und einpacken. Ränder gut verschließen. Auf ein mit Backpapier belegtes Blech legen. Mit Eigelb bepinseln.
5 Cordons bleus im vorgeheizten Ofen bei 180 °C 20 Minuten backen.

5 **Gaskugelgrill** auf 220 °C vorheizen. Cordons bleus auf ein mit Backpapier belegtes Lochblech legen. Mit Eigelb bepinseln. Im vorgeheizten Grill bei 220 °C 20 Minuten backen.
Funnel indirekte Wärme – **Deckel** geschlossen – **Grillzubehör** Grillrost, Lochblech
Vorheizen 5 Minuten, Stufe 2, geschlossener Deckel – **Grillzeit** 20 Minuten

Älpler-Cordon-bleu

─── ZUTATEN ───

– 4 Servelats, 130–150 g
– 140 g Emmentaler Käse, höhlengereift
– 4 Gewürzgurken, in Längsscheiben
– 16 Scheiben Bratspeck, je 15 g
– Salz und Pfeffer

1 Servelats schälen und längs einschneiden. Emmentaler Käse in Scheiben schneiden, mit Gurkenscheiben auf beiden Seiten in die Servelat legen, mit Bratspeckscheiben eng umwickeln, so dass die ganze Wurst eingepackt ist.
2 Älpler-Cordons-bleus in der Butter bei mittlerer Hitze beidseitig je 7 Minuten braten.

2 **Gaskugelgrill** 5 Minuten auf mittlerer Stufe vorheizen. Älpler-Cordons-bleus auf kleinster Stufe bei geschlossenem Deckel ca. 15 Minuten grillen.
Funnel indirekte Wärme – **Deckel** geschlossen – **Grillzubehör** Grillrost
Vorheizen 5 Minuten, Stufe 2, geschlossener Deckel – **Grillzeit** 15 Minuten

Fisch

Lachs-Cordon-bleu im Blätterteig

———

Pangasius-Cordon-bleu

———

Lachs-Cordon-bleu im Blätterteig

ZUTATEN

– 4 Scheiben schottischer Lachs, je 120 g
– Fischgewürz
– 90 g Boursin
– 2 gekochte Eier, zerdrückt
– 4 Peppadews aus dem Glas (Kirschpaprika),
  klein gewürfelt
– 1 Orange, Schale fein abgerieben

– 4 Blätterteigrechtecke, 14 x 25 cm
– 1 Eigelb, zum Bestreichen

1 Lachsfiletscheiben aufschneiden, nicht durchschneiden, aufklappen und leicht würzen.
2 Boursin mit zerdrückten Eiern vermengen, Peppadew untermischen. Masse auf der
  Hälfte der Lachsscheiben verteilen, mit der zweiten Hälfte zudecken.
3 Gefüllten Lachs auf den Blätterteig legen und mit Orangenschale bestreuen, Lachs gut
  in den Teig einpacken, auf ein mit Backpapier belegtes Blech legen und mit Eigelb
  bestreichen. 30 Minuten kühl stellen.
4 Backofen / Grill auf 180 °C vorheizen.
5 Lachs-Cordons-bleus im vorgeheizten Ofen bei 180 °C etwa 14 Minuten backen.

5 **Gaskugelgrill** auf 220 °C vorheizen. Cordons bleus im vorgeheizten Grill bei 220 °C
etwa 14 Minuten backen.
Funnel indirekte Wärme – **Deckel** geschlossen – **Grillzubehör** Grillrost, Lochblech
Vorheizen 5 Minuten, Stufe 2, geschlossener Deckel – **Grillzeit** 14 Minuten

Pangasius-Cordon-bleu

───── ZUTATEN ─────

– 4 Zucchini

– 4 Pangasiusfilets, frisch, je 130 g
– 250 g Cantadou,
  Knoblauch und Kräuter der Provence
– 1 Eigelb
– 60 g Paniermehl
– 50 g entsteinte Oliven, in Streifchen
– Salz und Pfeffer oder Fischgewürz
– Peperoncino aus der Mühle

1 Zucchini beidseitig kappen, auf der Aufschnittmaschine oder mit dem Sparschäler längs
  in 2 mm dicke Scheiben schneiden. Zucchinistreifen auf der Grillplatte oder in der Bratpfanne
  kurz anbraten, auf Küchenpapier legen und trocken tupfen.
2 Pangasiusfilets flach legen. Cantadou, Eigelb und Paniermehl verrühren, Oliven unterrühren, mit Pfeffer, Salz und gemahlenem Peperoncino würzen. Masse auf die eine Hälfte der
  Fischfilets verteilen, mit der zweiten Hälfte zudecken.
3 Zucchinistreifen leicht überlappend auf die Arbeitsfläche legen, gefüllte Fischfilets darauflegen und einpacken. Gut andrücken und etwas ruhen lassen.
4 Cordons bleus auf einen mit Backpapier belegten Rost legen und im vorgeheizten Ofen
  bei 180 °C etwa 12 Minuten backen.

4 **Gaskugelgrill** Cordons bleus auf einem mit Backpapier belegten Lochblech auf den Rost
  legen und im vorgeheizten Grill bei 200 °C etwa 12 Minuten backen.
  Funnel indirekte Wärme – **Deckel** geschlossen – **Grillzubehör** Grillrost, Lochblech
  Vorheizen 5 Minuten, Stufe 2, geschlossener Deckel – **Grillzeit** 12 Minuten

Neu verpackt

Rösti-Cordon-bleu

Cordon bleu «Aperitif»

Cordon bleu «Arbeiter»

Spargel-Cordon-bleu

Bananen-Cordon-bleu

Omelette-Cordon-bleu

Sellerie-Cordon-bleu

Rösti-Cordon-bleu

─── ZUTATEN ───

- 800 g mehligkochende Kartoffeln
- Butter, Bratbutter, Öl oder Schweinefett,
  zum Braten
- 200 g Bratspeck, in Scheiben
- 400 g Appenzeller Käse Classic, in Scheiben
- Salz und Pfeffer

1 Kartoffeln schälen und auf der Röstiraffel reiben. In einem Küchentuch trocknen.
2 Backofen auf 180 °C vorheizen.
3 In einer weiten Bratpfanne reichlich Butter erhitzen, Kartoffeln einfüllen und gleichmäßig verteilen, langsam knusprig braten. Nicht wenden. Röstikuchen auf ein Geschirr-/
  Küchentuch gleiten lassen (gebratene Seite unten), mit Salz und Pfeffer würzen. Bratspeck in der Röstipfanne kurz braten, auf eine Röstihälfte legen, mit dem Appenzeller Käse
  bedecken, unbelegte Röstihälfte mit Hilfe des Tuches vorsichtig darüberlegen. Auf ein
  mit Backpapier belegtes Blech gleiten lassen. Rösti im vorgeheizten Ofen bei 180 °C rund
  8 Minuten backen.

3 **Gaskugelgrill** Grill auf 180 °C vorheizen. In der Gourmet-Pfanne reichlich Butter erhitzen,
  geriebene Kartoffeln einfüllen und gleichmäßig verteilen, langsam knusprig braten.
  Nicht wenden. Röstikuchen auf ein Geschirr-/Küchentuch gleiten lassen (gebratene Seite
  unten), mit Salz und Pfeffer würzen.
  Bratspeck in der Gourmet-Pfanne kurz braten, auf eine Röstihälfte legen, mit dem
  Appenzeller Käse bedecken, unbelegte Röstihälfte mit Hilfe des Tuches vorsichtig darüber-
  legen. Rösti auf ein mit Backpapier belegtes Lochblech gleiten lassen.
  Funnel drehen und Grillrost aufsetzen. Lochblech mit Rösti im vorgeheizten Grill bei
  180 °C rund 8 Minuten backen.
  Funnel direkte/indirekte Wärme – **Deckel** offen/geschlossen – **Grillzubehör** Gourmet-Pfanne, Grillrost, Lochblech
  Vorheizen 5 Minuten, Stufe 2, geschlossener Deckel – **Grillzeit** 8 Minuten

Cordon bleu «Aperitif»

ZUTATEN

- 350 g Früchtebrot, z. B. von Kuriger
- wenig Weißwein
- 6 Scheiben Trutentrockenfleisch, je 6 g
- 60 g Schafsweichkäse, in Scheiben

1 Backofen auf 180 °C vorheizen.
2 Früchtebrot in 12 Scheiben schneiden, mit Weißwein beträufeln. Die Hälfte der Früchte-brotscheiben mit Trockenfleisch und Schafskäse belegen, mit der zweiten Früchtebrot-scheibe abschließen. Auf ein mit Backpapier belegtes Blech legen.
3 Cordons bleus im vorgheizten Ofen bei 180 °C rund 6 Minuten backen.

3 **Gaskugelgrill** auf 220 °C vorheizen. Cordons bleus auf ein mit Backpapier belegtes Loch-blech legen und im vorgeheizten Grill bei 220 °C rund 6 Minuten backen.
Funnel indirekte Wärme – **Deckel** geschlossen – **Grillzubehör** Grillrost, Lochblech
Vorheizen 5 Minuten, Stufe 2, geschlossener Deckel – **Grillzeit** 6 Minuten

Cordon bleu «Arbeiter»

─── ZUTATEN ───

- 8 Bauernbrotscheiben, 2 cm dick
- Butter
- Griebenschmalz (aufbereitetes Schweinefett)
- 120 g Zwiebeln, in feinen Streifen
- 4 Scheiben Landrauchschinken, je 50 g, in Streifen
- 4 Scheiben Emmentaler Käse, höhlengereift, je 50 g
- Salz und Pfeffer

1 Brotscheiben in einer Bratpfanne in wenig Butter bei mittlerer Hitze auf einer Seite rösten.

2 Brotscheiben auf der gerösteten Seite mit Griebenschmalz bestreichen. Die Hälfte der Brotscheiben auf der bestrichenen Seite mit Zwiebeln, Landrauchschinken und Emmentaler Käse belegen. Mit der zweiten Brotscheibe (bestrichene Seite nach unten) zudecken.

3 Cordons bleus auf ein Brett legen und etwa 2 Stunden beschweren (Pfanne, Bräter, evtentuell mit Wasser gefüllt).

4 Backofen auf 160 °C vorheizen.

5 Cordons bleus auf einen mit Backpapier belegten Rost legen und bei 160 °C etwa 15 Minuten backen.

1 **Gaskugelgrill** Gourmet-Pfanne 5 Minuten auf mittlerer Hitze vorheizen. Etwas Butter zergehen lassen, Brotscheiben auf kleinster Stufe auf einer Seite rösten.

5 Cordons bleus auf den vorgeheizten Grillrost legen und bei 200 °C etwa 15 Minuten backen.
Funnel indirekte Wärme – **Deckel** geschlossen – **Grillzubehör** Grillrost, Gourmet-Pfanne
Vorheizen 5 Minuten, Stufe 2, geschlossener Deckel – **Grillzeit** 15 Minuten

Spargel-Cordon-bleu

─── ZUTATEN ───

– 12 grüne Spargel
– wenig Butter
– 16 Scheiben Bauernschinken, je 20 g
– 4 Zweiglein Estragon
– 160 g Sbrinz, gerieben
– 4 gekochte Eier, geschält, in Scheiben

– Mehl und 1 Ei, verquirlt, oder
  Paniermasse, Seite 112
– Vollkornpaniermehl

– Butter, Bratbutter, Öl oder Schweinefett,
  zum Braten

1 Unteres Drittel beim Spargel eventuell schälen, Schnittstelle frisch anschneiden. In einer weiten Pfanne in wenig Butter andünsten, erkalten lassen.

2 Für jedes Cordon bleu 4 Scheiben Bauernschinken hochformatig und leicht überlappend auf die Arbeitsfläche legen, 3 Spargel quer darauflegen, geriebenen Sbrinz und abgezupfte Estragonblättchen darüberstreuen, mit Eischeiben belegen, Schinken seitlich einschlagen, satt aufrollen.

3 Cordons bleus zuerst im Mehl und dann im verquirlten Ei oder in der Paniermasse wenden, mit Vollkornpaniermehl panieren, gut andrücken. 1½ Stunden ruhen lassen (während der Ruhezeit «versiegelt» das Ei die Öffnung und verhindert, dass der Käse während dem Braten ausläuft).

4 Cordons bleus in einer Bratpfanne in der Butter beidseitig je 6 Minuten braten.

4 **Gaskugelgrill** Barbecue-Pfanne oder Gourmet-Pfanne 5 Minuten auf mittlerer Hitze vorheizen. Butter zergehen lassen und Spargel-Cordons-bleus auf kleinster Stufe je 6 Minuten braten.
Funnel direkte Wärme – **Deckel** offen – **Grillzubehör** Barbecue-Pfanne oder Gourmet-Pfanne
Vorheizen 5 Minuten, Stufe 2, geschlossener Deckel – **Grillzeit** 12 Minuten

Bananen-Cordon-bleu

ZUTATEN

– 4 Bananen
– Madras-Curry

– 16 Scheiben Modelschinken, je 25 g
– 200 g rezenter Gruyère, in Scheiben
– Salz
– Pfeffer aus der Mühle

– Mehl und 1 Ei, verquirlt, oder
  Paniermasse, Seite 112
– Cornflakes, zerdrückt

– Butter, Bratbutter, Öl oder Schweinefett,
  zum Braten

1 Bananen schälen und längs halbieren, beidseitig mit Curry würzen.
2 Für jedes Cordon bleu 4 Scheiben Modelschinken hochformatig und leicht überlappend
  zu einem Rechteck auf die Arbeitsfläche legen. Eine halbe Banane darauflegen,
  mit Käse belegen, zweite Bananenhälfte darauflegen, Schinken seitlich einschlagen,
  satt aufrollen.
3 Cordons bleus zuerst im Mehl und dann im verquirlten Ei oder in der Paniermasse wenden,
  mit Cornflakes panieren, gut andrücken.
4 Cordons bleus in einer Bratpfanne in der Butter bei mittlerer Hitze beidseitig je 6 Minuten
  braten.

4 **Gaskugelgrill** Barbecue-Pfanne oder Gourmet-Pfanne 5 Minuten auf mittlerer Hitze
vorheizen. Butter zergehen lassen und Cordons bleus auf kleinster Stufe je 6 Minuten braten.
Funnel direkte Wärme – **Deckel** offen – **Grillzubehör** Barbecue-Pfanne oder Gourmet-Pfanne
Vorheizen 5 Minuten, Stufe 2, geschlossener Deckel – **Grillzeit** 12 Minuten

Omelette-Cordon-bleu

─────────────── ZUTATEN ───────────────

Omeletteteig
– 3 kleine Eier
– 260 g Milch
– 120 g UrDinkelweißmehl
– 1 Prise Salz

– Butter, zum Braten

Füllung
– 1 EL Öl
– 20 g Zwiebeln, klein gewürfelt
– 6 g Knoblauch, klein gewürfelt
– 200 g frischer oder tiefgekühlter Spinat
  (aufgetaut und abgetropft)
– Salz und Pfeffer
– 100 g Trutenschinken, gewürfelt
– 80 g Mascarpone
– 80 g Sbrinz, gerieben

– Mehl und 1 Ei, verquirlt, oder
  Paniermasse, Seite 112
– UrDinkelpaniermehl

– Butter, Bratbutter, Öl oder Schweinefett,
  zum Braten

1 Eier, Milch, Mehl und Salz zu einem Teig rühren. Etwa 30 Minuten quellen lassen.

2 Für die Füllung Zwiebeln und Knoblauch im Öl andünsten, frischen Spinat zugeben und zusammenfallen lassen. Abtropfen lassen. Tiefgekühlten Spinat kurz mitdünsten. Würzen.

3 Butter in einer Bratpfanne von etwa 28 cm Durchmesser schmelzen, 4 Omelettes braten.

4 Omelettes mit Spinat belegen, Trutenschinken, Mascarpone und Sbirnz darauf verteilen. Omelettes beidseitig einschlagen und satt aufrollen.

5 Cordons bleus zuerst im Mehl und dann im Ei oder in der Paniermasse wenden, mit Paniermehl panieren, gut andrücken.

6 Cordons bleus in der Butter bei mittlerer Hitze etwa 7 Minuten braten.

3 **Gaskugelgrill** Barbecue-Pfanne 5 Minuten auf mittlerer Hitze vorheizen. Für jedes Omelette wenig Butter in der Pfanne schmelzen, Omelette braten. Omelette füllen und panieren: Punkte 4 und 5.

6 Wenig Butter in der Barbecue-Pfanne zerlassen, Cordons bleus auf kleinster Stufe 7 Minuten braten.

Funnel direkte Wärme – **Deckel** offen – **Grillzubehör** Barbecue-Pfanne oder Gourmet-Pfanne
Vorheizen 5 Minuten, Stufe 2, geschlossener Deckel – **Grillzeit** 7 Minuten

Sellerie-Cordon-bleu

– 2 Knollensellerie
– Butter
– 200 g Trutenschinken, fein geschnitten
– 200 g rezenter Tilsiter

– Mehl und 1 Ei, verquirlt, oder
  Paniermasse, Seite 112
– geriebene Haselnüsse

– Butter, Bratbutter, Öl oder Schweinefett,
  zum Braten

1 Sellerie gut waschen. Nicht schälen. 8 Scheiben von 7 mm Dicke schneiden. Sellerie in einer weiten Pfanne zugedeckt (eventuell in 2 Arbeitsgängen) in der Butter langsam bissfest garen. Das dauert 8 bis 10 Minuten. Herausnehmen und auf Küchenpapier legen, trocken tupfen.

2 Tilsiter in den Trutenschinken in der Größe der Selleriescheiben gut einpacken.

3 Schinkenpäckchen auf die Selleriescheiben legen, mit einer zweiten Selleriescheibe zudecken, gut andrücken. Sellerie-Cordon-bleu auf ein Brett legen und 2 Stunden beschweren (Pfanne oder Bräter, eventuell mit Wasser gefüllt).

4 Cordons bleus zuerst im Mehl und dann im verquirlten Ei oder in der Paniermasse wenden, mit den Haselnüssen panieren, gut andrücken.

5 Sellerie-Cordons-bleus in der Butter bei mittlerer Hitze beidseitig je 6 Minuten braten.

5 **Gaskugelgrill** Barbecue-Pfanne 5 Minuten auf mittlerer Hitze vorheizen. Butter zergehen lassen und Cordons bleus auf kleinster Stufe je 6 Minuten braten.
Funnel direkte Wärme – **Deckel** offen – **Grillzubehör** Barbecue-Pfanne oder Gourmet-Pfanne
Vorheizen 5 Minuten, Stufe 2, geschlossener Deckel – **Grillzeit** 12 Minuten

Fleischgewürz

- Salz oder Meersalz 52 %
- Gewürze (Paprika, Pastinake, Pfeffer, Koriander, Rosmarin, Thymian, Muskatnuss, Knoblauch, Zwiebeln, Kurkuma)

Gemüsegewürz

- Salz oder Meersalz 50 %
- Gewürze (Pastinake, Petersilie, Karotten, Pfeffer, Zwiebeln, Muskatnuss, Koriander, Knoblauch, Lauch, Ingwer)

Fischgewürz

- Salz oder Meersalz 54 %
- Gewürze (Pfeffer, Ingwer, Dill, Zitronenöl)

Geflügelgewürz

- Salz oder Meersalz 55 %
- Gewürze (Paprika, Rosmarin, Pfeffer, Muskatnuss, Koriander, Knoblauch, Pastinake, Zwiebeln, Ingwer)

Öl-Wasser-Senf-Weißmehl

- 200 g Öl
- 220 g Wasser
- 24 g Senf
- 12 g Fleisch- oder Geflügel- oder Fischgewürz,
  Seite 110
- 100 g Weißmehl

Öl, Wasser, Senf und Gewürz gut verrühren,
Mehl unterrühren.

Haltbarbkeit Die Paniermasse ist im Kühl-
schrank 14 Tage haltbar.

Öl-Wasser-UrDinkelweißmehl

- 200 g Öl
- 200 g Wasser
- 6 g Salz
- 2 g gemahlener Pfeffer
- 100 g UrDinkelweißmehl

Öl, Wasser und Gewürze gut verrühren,
Mehl unterrühren.

Haltbarbkeit Die Paniermasse ist im Kühl-
schrank 14 Tage haltbar.

PANIERMEHLE

wieback ❻ Cornflakes ❼ Haselnüsse ❽ Kokosnuss ❾ Mandeln ❿ Haferflocken

Rohe Produkte

Rohschinken, ganz, mit oder ohne Bein

Die Schinken werden mit Salz und Gewürzen eingerieben und in Behälter geschichtet und regelmäßig gewendet, bevor sie an der frischen Luft oder in einem klimatisierten Raum für die Reifung aufgehängt werden. Je nach Spezialität dauert die Reifung 12 Monate bis etwa 40 Monate.

Millenium-Schinken CH	Schwein
Vulcano-Schinken A	Schwein
Parmaschinken I	Schwein
Pata Negra SP	Schwein

Aus diesen Produkten werden aber auch je nach Region Spezialitäten produziert, die bereits vor oder nach der Produktion in kleineren Stücken in den Verkauf gelangen. Je nach Region werden diese Produkte luftgetrocknet oder geräuchert und getrocknet.

Bündner Rohschinken CH	luftgetrocknet	Schwein
Landrauchschinken CH / D	geräuchert und getrocknet	Schwein
Serrano-Schinken, Mittelstück SP	getrocknet	Schwein

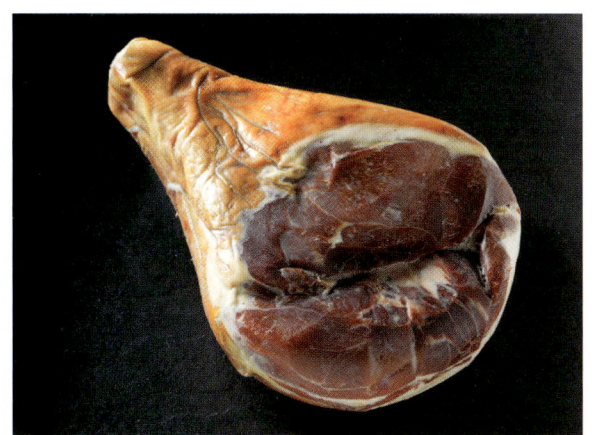

Millenium-Schinken

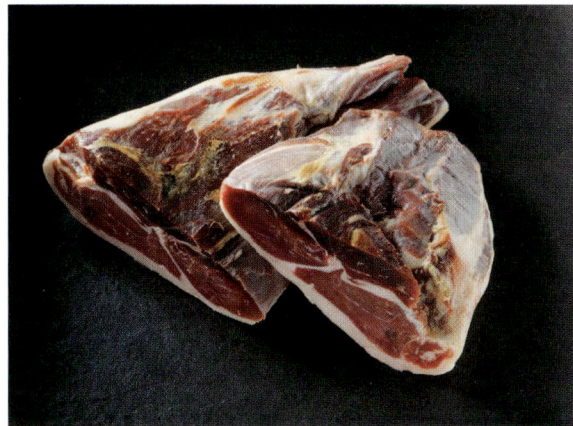

Pata Negra

Bündner Rohschinken

Landrauchschinken

Serrano-Schinken, Mittelstück

Getrocknete Produkte

Das Fleisch wird gesalzen und gewürzt und je nach Produkt in Behältern oder unter Vakuum umgerötet, bevor sie luftgetrocknet oder geräuchert und getrocknet werden.

geräucherter Bauernspeck	geräuchert, getrocknet	Schwein
Bresaola	leicht getrocknet	Rind
Bündnerfleisch	getrocknet	Rind
Pancetta	getrocknet	Schwein
Mostmöckli	geräuchert, getrocknet	Rind
Mostmöckli	geräuchert, getrocknet	Pferd
Rohessspeck	getrocknet	Schwein
Trockenfleisch	getrocknet	Trute

Salami & Co.

Salami Rustico CH		Schwein
Salami fein CH		Schwein
Citterio I		Schwein
Salsiz, verschiedene Geschmacksrichtungen	im Naturdarm geräuchert, im Naturdarm getrocknet oder im Kunstdarm getrocknet	Schwein / Rind

geräucherter Bauernspeck

Bresaola

Bündnerfleisch

Pancetta

Mostmöckli (Rind)

Mostmöckli (Pferd)

Rohessspeck

Trockenfleisch (Trute)

Salami Rustico

Citterio

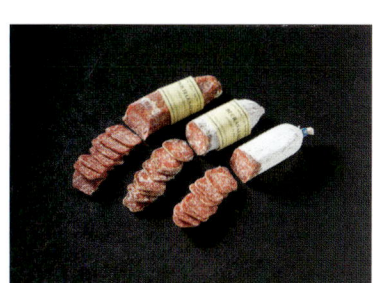

Salsiz

Gekochte Produkte

Modelschinken	gekocht	Schwein
Bauernschinken	geräuchert und gekocht	Schwein
Pizzaauflage	gekocht	Schwein
Rollschinken	geräuchert und gekocht	Trute

Geräucherte Produkte zum Kochen

Rippli vom Nierstück	Schwein
Brat-/Frühstücksspeck	Schwein
Kochspeck	Schwein

Modelschinken

Bauernschinken

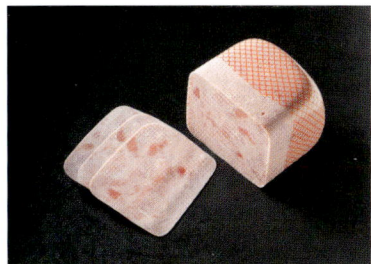

Pizzaauflage

Rollschinken

Rippli vom Nierstück

Brat-/Frühstücksspeck

Kochspeck

Die Rezepte sind, wo nicht anders vermerkt,
für 4 Personen berechnet.

Abkürzung
EL   gestrichener Esslöffel

**Wer keine Gewürzwaage hat, dem hilft folgende
Tabelle (ungefähre Angaben)**

Grill-Ueli-Gewürz
10 g   1 gestrichener Esslöffel
12–15 g   1 gehäufter Esslöffel

Salz
6 g   1 gestrichener Teelöffel

Pfeffer, gemahlen
2 g   1 gestrichener Teelöffel

Senf
10 g   1 gehäufter Teelöffel
24 g   1 gehäufter Esslöffel

Die Gewürzwaage gibts unter: www.grillueli.ch

Zeichenerklärungen Gaskugelgrill

          Funnel-System: direkt

          Funnel-System: indirekt

          Grill-System: Gas

          Kochen

          Backen